WOLKE OPA PAPA DOSE BROT ARM

das

die

der

der 2

der 3

die 1

Lösungswort:

das 1 2 3

Male das passende Bild aus:

das TOR

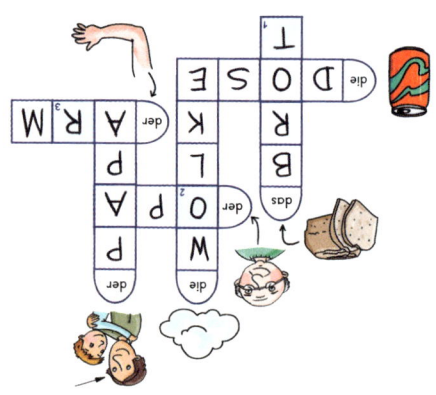

LATERNE   RAKETE   AMSEL   FEDER   SALAMI   ZEBRA

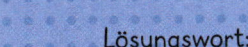

die

die   3

die   2

das

5

die   4

die   1

Lösungswort:

der | | | | |
1   2   3   4   5

Male das passende Bild aus:

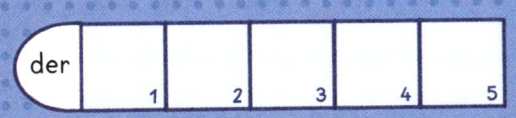

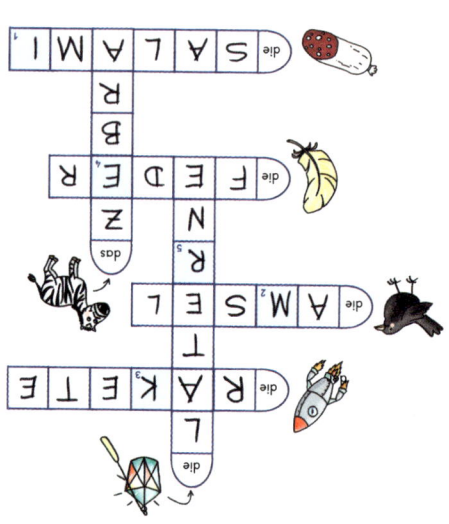

SANDALEN AMPEL KERN SAND DELFIN HASE

die

die

der 2

3

5

der

der 1

der

der 4

Lösungswort:

das | 1 | 2 | 3 | 4 | 5

Male das passende Bild aus:

die: **A M₃ P E L₅**

der: **H A₂ S E L**

die: **S A N D A L E N**

der: **S A N D**

der: **D E₄ L F I N**

der: **K₁ E R N**

das: **K₁ A₂ M₃ E L₄ L₅**

KRONE FADEN HELM BREZEL PUDEL FAHRRAD

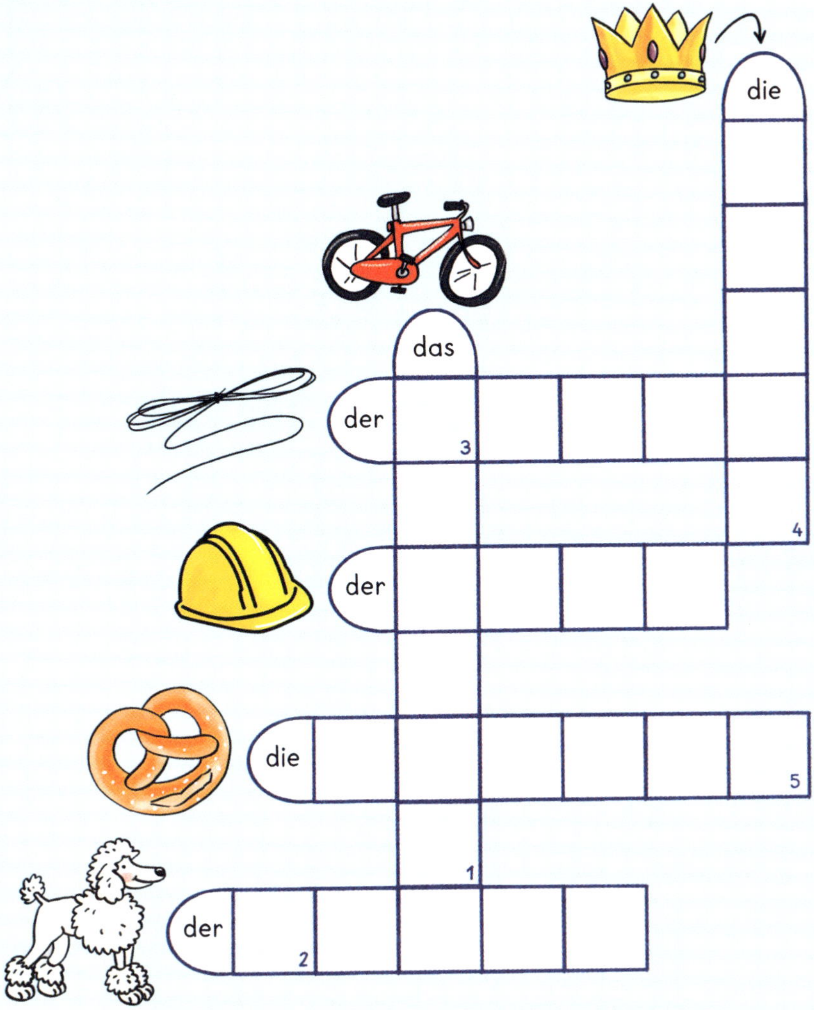
die
das
der
3
der
4
die
5
1
der
2

Lösungswort:

der _ _ _ _ _ (1 2 3 4 5)

Male das passende Bild aus:

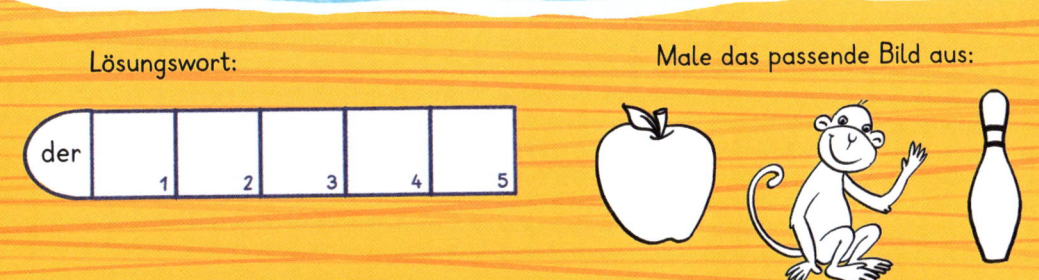

der **A**₁ **P**₂ **F**₃ **E**₄ **L**₅

der **P**₂ **U** **D** **E** **L**

die **B** **R** **E** **Z** **E** **L**₅

der **H** **E** **L** **M**

der **F**₃ **A** **D** **E** **N**

das

die **K** **R** **O** **N** **E**

  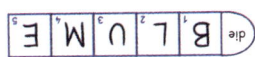

die B₁L₂U₃M₄E₅

die B¹L²U³M⁴E⁵

der R¹A²B³ᵃE⁵

die I²N S E L — das

der M⁴A N T E L — die B³U⁴B E⁵

die L A M P A E⁵ — der

TUBE MANTEL SOFA AMPEL INSEL RABE

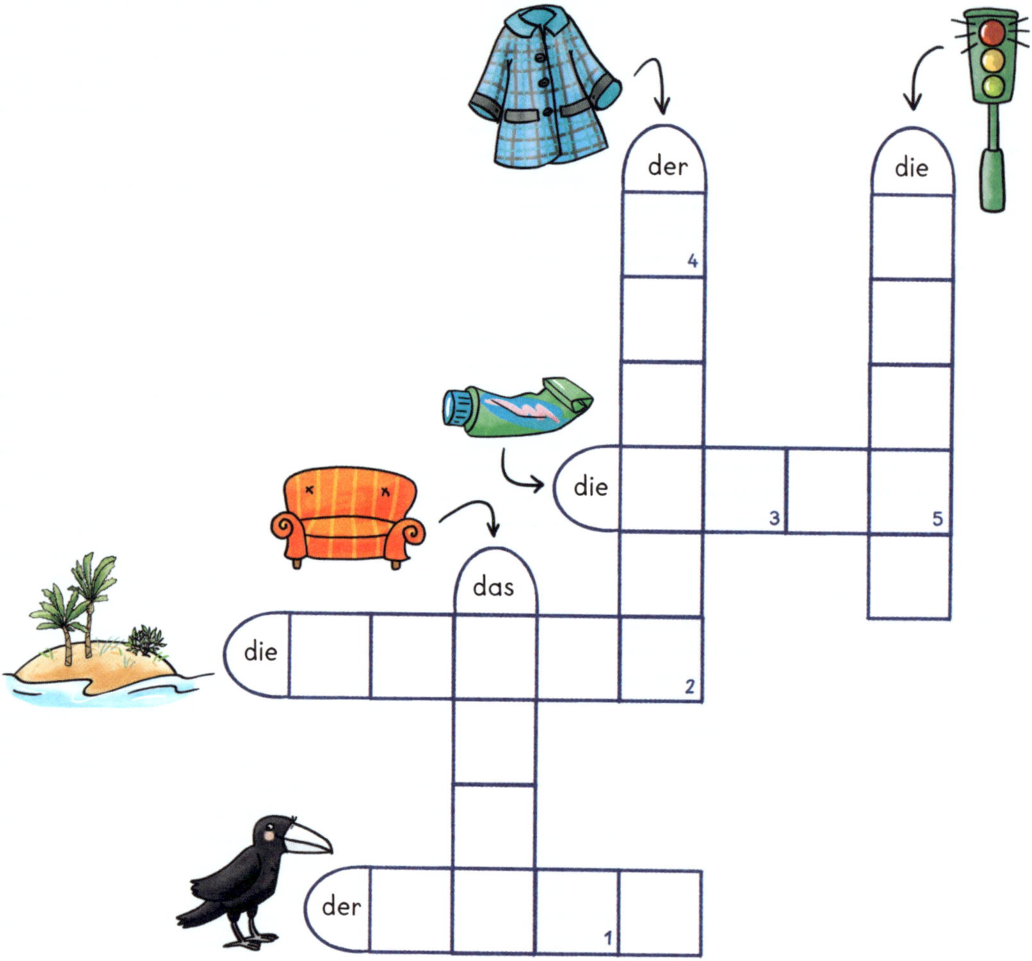

der

4

die

die

das

die

2

der

1

3

5

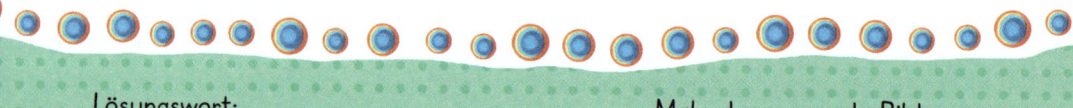

Lösungswort:

die | 1 | 2 | 3 | 4 | 5

Male das passende Bild aus:

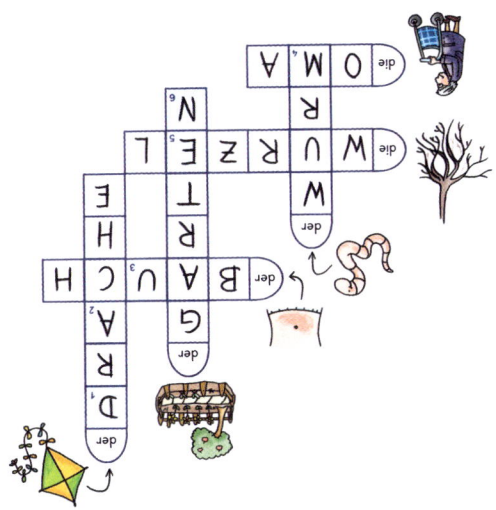

GARTEN DRACHE BAUCH WURM WURZEL OMA

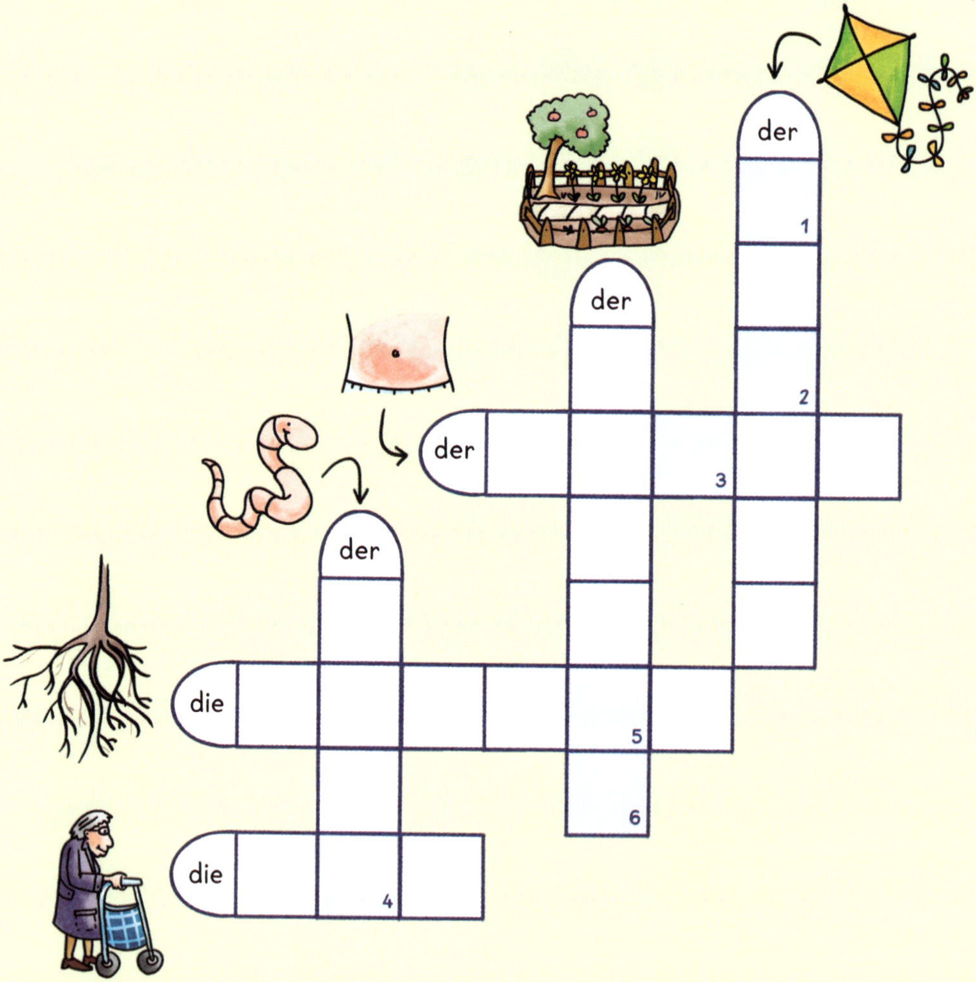
der
1
2
der
der
3
der
die
5
6
die
4

Lösungswort:

der	1	2	3	4	5	6

Male das passende Bild aus:

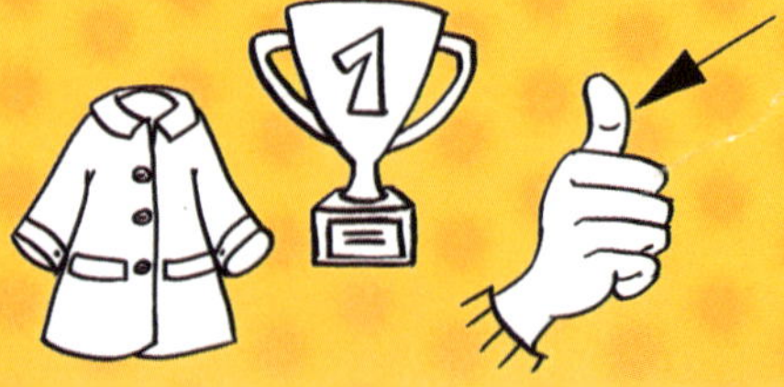

PINSEL   HOSE   BROT   REGEN   HEXE   NOTE

das

der

die

die

die

3

4

2

der

5

1

Lösungswort:

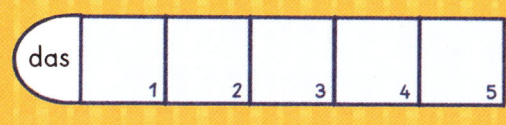

das | | | | |
| 1 | 2 | 3 | 4 | 5 |

Male das passende Bild aus:

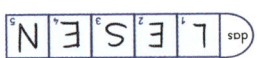

das L E S E N

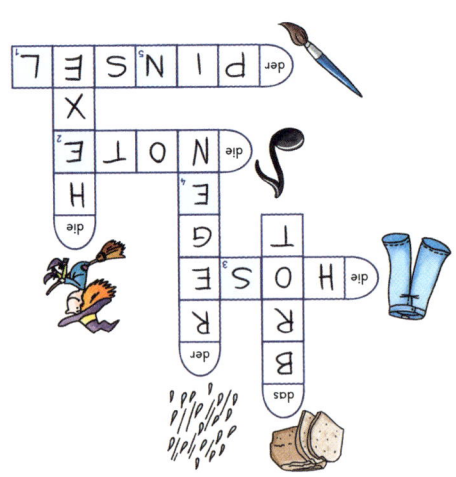

KISTE KAMEL PRINZ SAFT FINGER GURKE

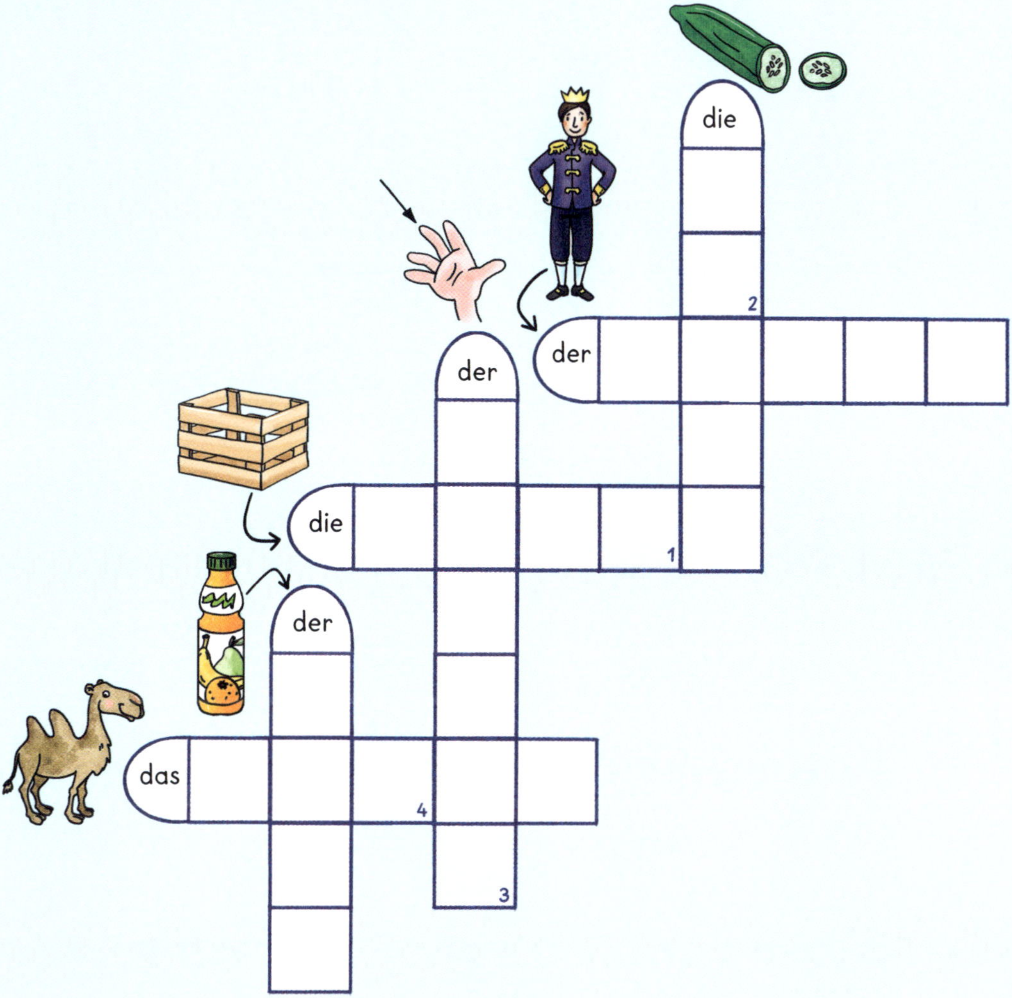

die
der
der
die
der
das
1
2
3
4

Lösungswort:

der	1	2	3	4

Male das passende Bild aus:

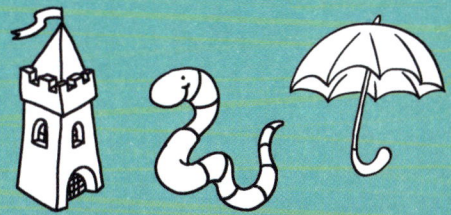

der **T U R M**

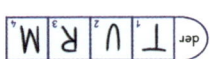

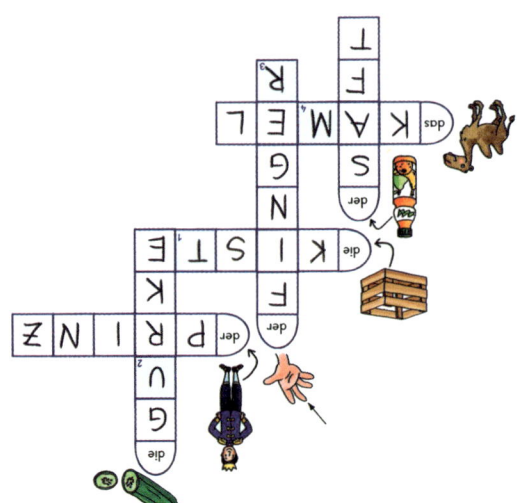

das **KAMEL**

der **PRINZ**

die **KISTE**

der ...

NAGEL BESEN HUT LUPE PAKET LAMPE

die

der ___ 3

der

der ___ 4

die

das ___ 2 ___ 1

5

Lösungswort:

die					
	1	2	3	4	5

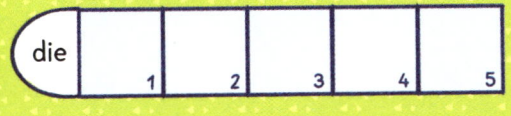

Male das passende Bild aus:

die ¹T ²A ⁴U B ⁵E

die ⁵E P M A L

das ¹T E K ²A P G der BESEN

die B E S ²P A⁴ K E T

der ³H U T

die ⁵L

(Kreuzworträtsel: die TAUBE, das PAKET, der HUT, der BESEN, die LAMPE)

KIND KNOPF HUND MOND MUND HAND

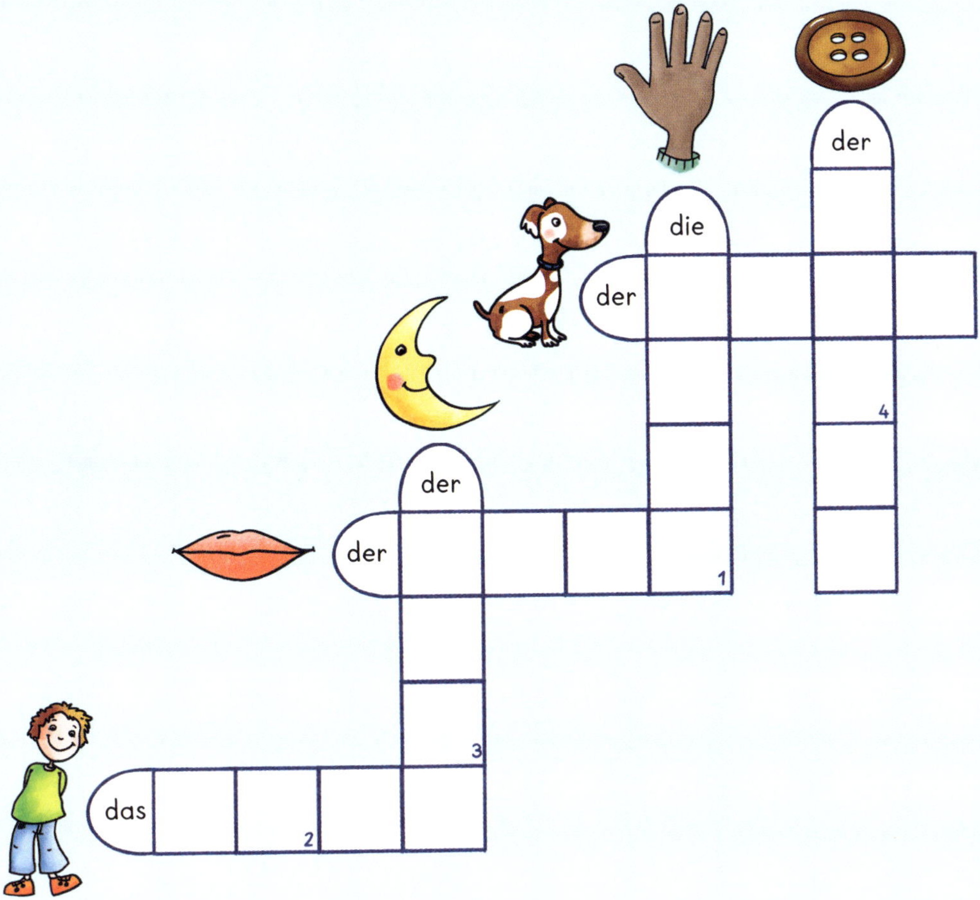

der
die
der
der
der
der

4

1

3

das

2

Lösungswort:

der | | | |
1 | 2 | 3 | 4

Male das passende Bild aus:

der D I N O

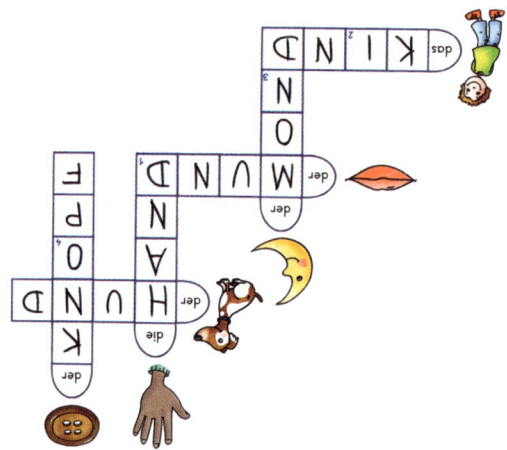

das K I N D

der M U N D

der M O N D

die H A N D

der H U N D

der K N O P F

ARZT RAUCH ROCK FAHRRAD FEUERWEHR DACKEL

das

der

der 4

die

der 1

der 2

der 3

Lösungswort:

die | 1 | 2 | 3 | 4

Male das passende Bild aus:

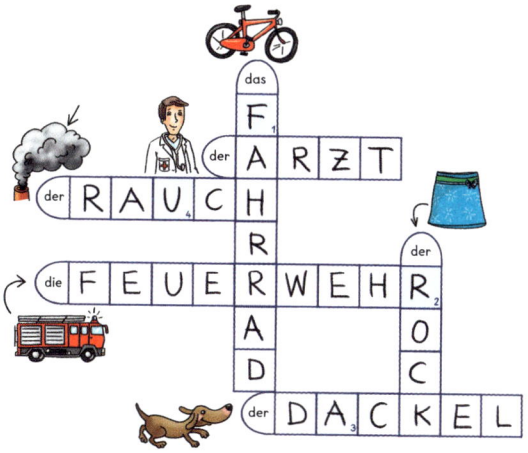

das
F
der | A R Z T
der | R A U C H
R
die | F E U E R W E H R
A der
D R
O
der | D A C K E L C
K E L

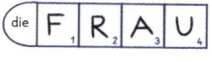

die | F R A U

KÄSE FRÜHSTÜCK LEHRER GEWITTER JUNGE JACKE

Lösungswort:

der | 1 | 2 | 3 | 4 | 5

Male das passende Bild aus:

der FUCHS

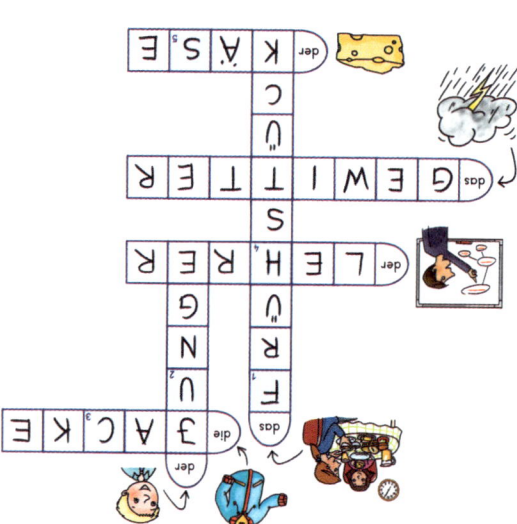

das 1. S O F A

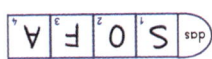

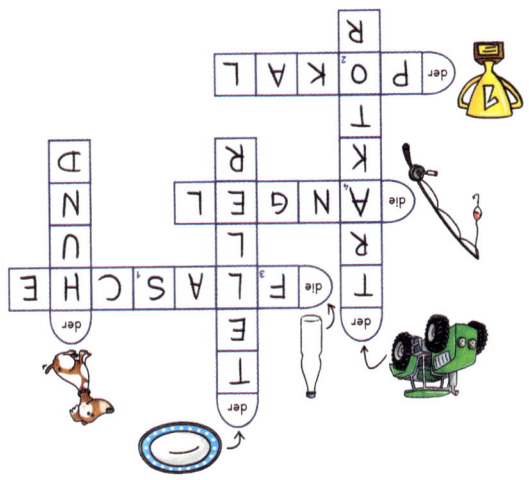

der 2. P O K A L

die 4. A N G E L

der 5. T R A K T O R

die 3. F L A S C H E

der T E L L E R

H U N D

HUND FLASCHE ANGEL POKAL TRAKTOR TELLER

der

die

der

der
3

1

die
4

der
2

Lösungswort:

das
1   2   3   4

Male das passende Bild aus:

die H A A R E

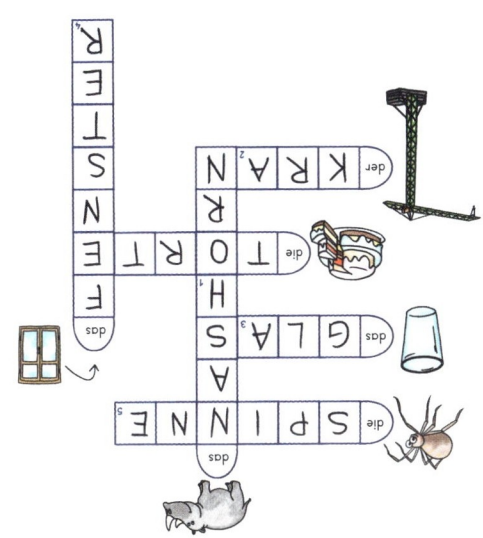

der K R A N

die T O R T E

das G L A S

die S P I N N E

das F E N S T E R

TORTE SPINNE GLAS FENSTER NASHORN KRAN

das

die | | | | | | | 5

das | | | | 3

die | | | | | 1

der | | | | 2

das | | | | | | | | 4

Lösungswort:

die | | | | | |
1 | 2 | 3 | 4 | 5

Male das passende Bild aus:

HASE LÖWE TIGER MAUS ENTE ELEFANT

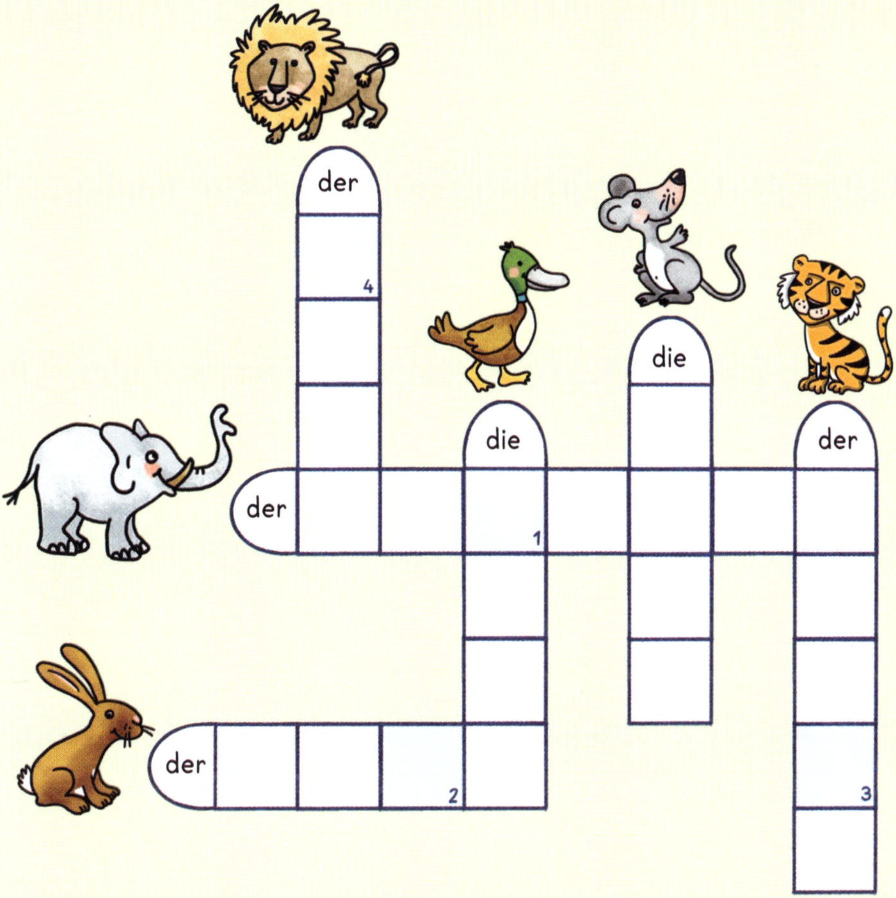
der
4
die
die
der
der
1
der
2
3

Lösungswort:

der	1	2	3	4

Male das passende Bild aus:

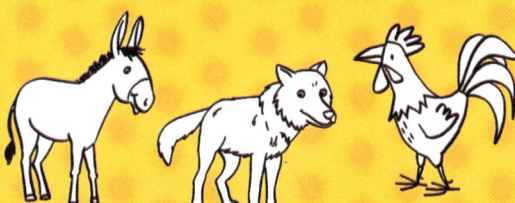

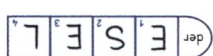

der E S E L

der HASE

die ELEFANT

der REGIT

die MAUS

der LÖWE

BAUM BLUME GRAS PALME PILZ KAKTUS

das

der

der

1

2

der

die

4

die

3

5

Male das passende Bild aus:

die T U L P E

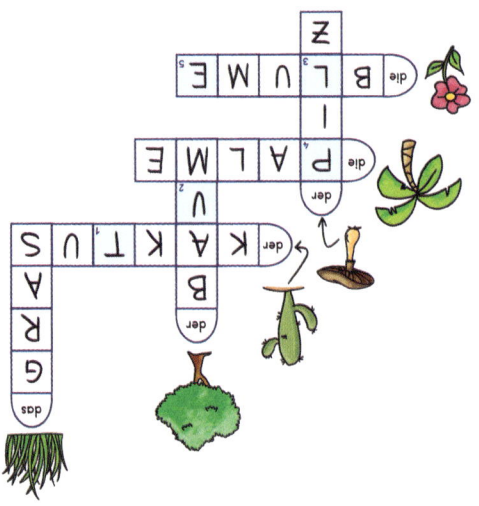

die B L U M E

der P A L M E

der K A K T U S

das G R A S

BANANE APFEL ANANAS BIRNE ZITRONE TRAUBEN

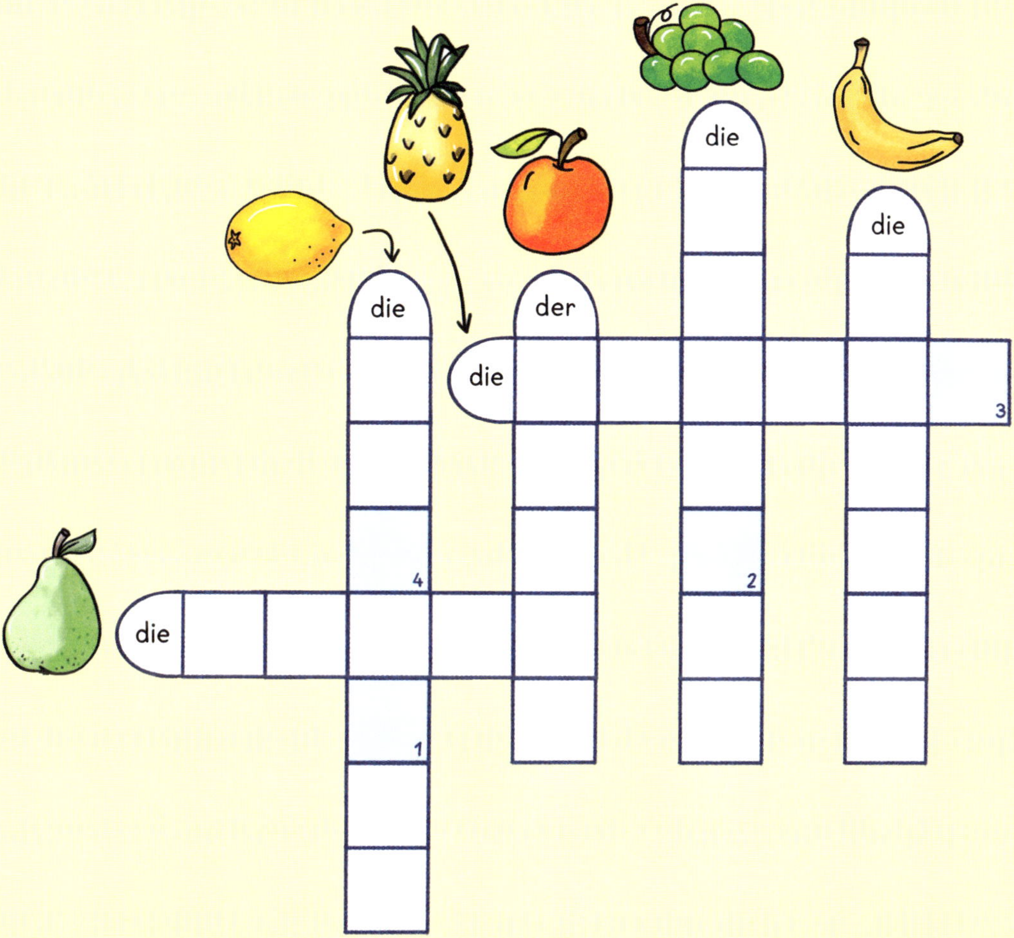
die
die
der
die
die
die
3
4
2
1

Lösungswort:

das 1 2 3 4

Male das passende Bild aus:

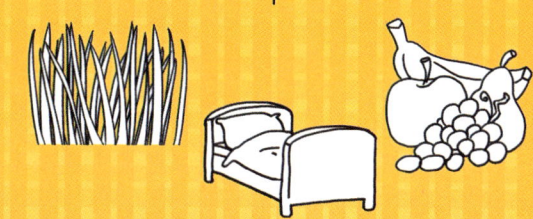

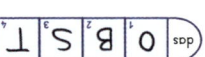

das OBST

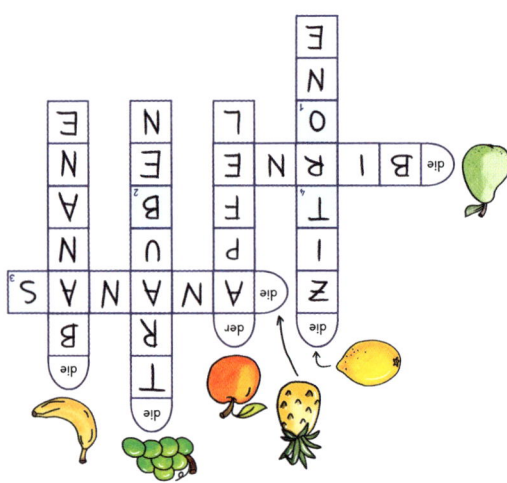

die BIRNE
die BANANE
die BANANE
die ANANAS
der APFEL
die TRAUBE
die ZITRONE

AUTO   PUPPE   BALL   WÜRFEL   SEIL   BAUKLÖTZE

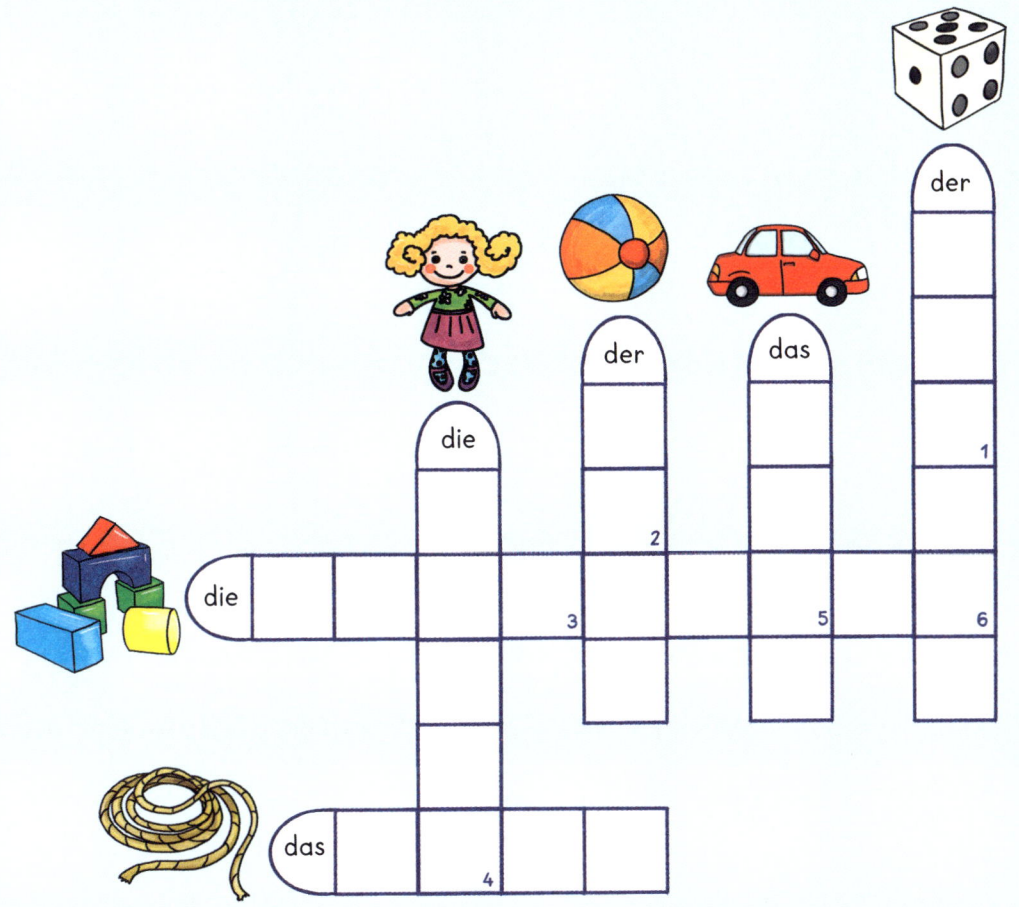

Lösungswort:

die | | | | | |
    1   2   3   4   5   6

Male das passende Bild aus:

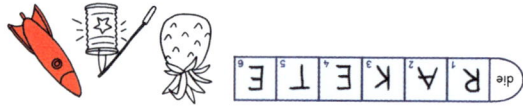

die RAKETE

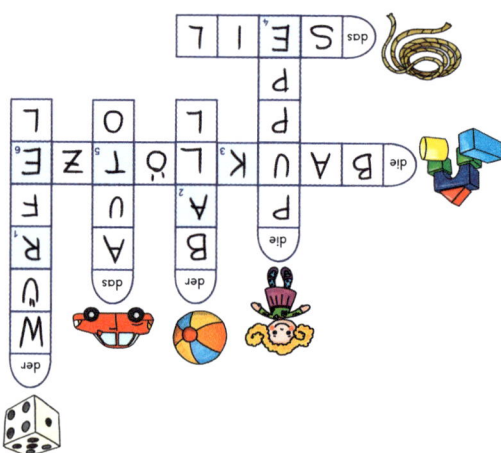

das SEIL

die BAUKLÖTZE

der WÜRFEL · das AUTO · der BALL · die PUPPE

KAMIN SCHAL OFEN SCHNEE KUGEL KERZE

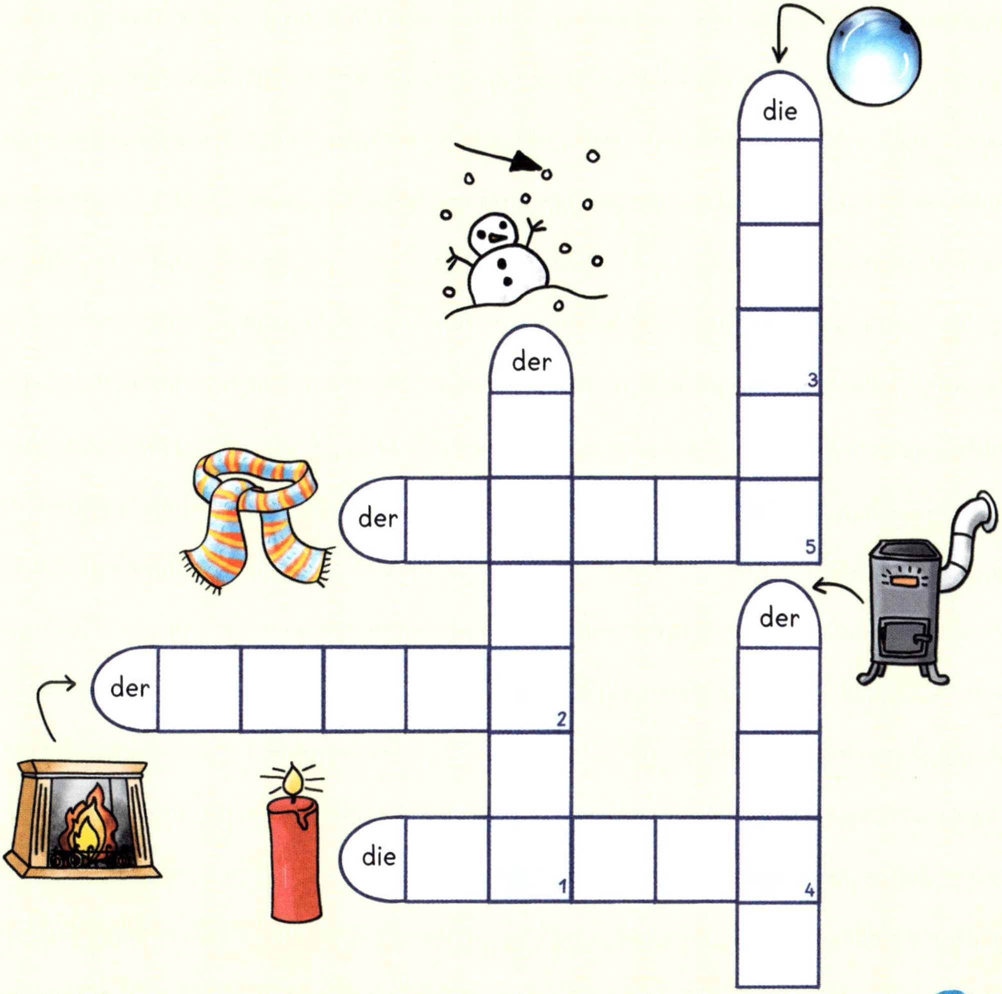

die ▢▢▢▢▢ 3

der ▢▢▢▢▢

der ▢▢▢▢ 5

der ▢▢▢▢▢▢ 2

der ▢▢▢▢ 4

die ▢▢▢▢▢ 1

Lösungswort:

der | ▢ | ▢ | ▢ | ▢ | ▢
1 | 2 | 3 | 4 | 5

Male das passende Bild aus:

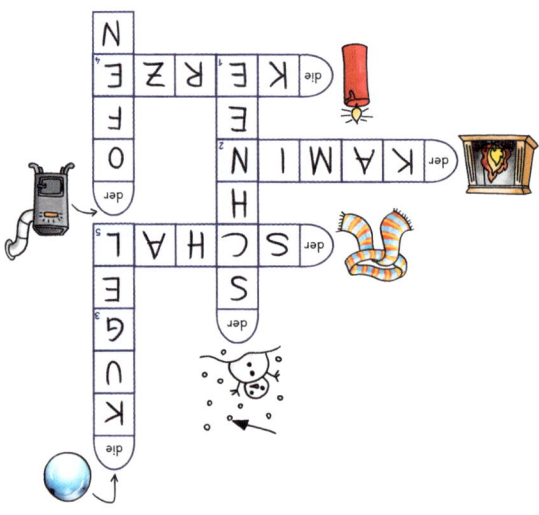

NEST KORB SONNE GARTEN OSTEREI REGEN

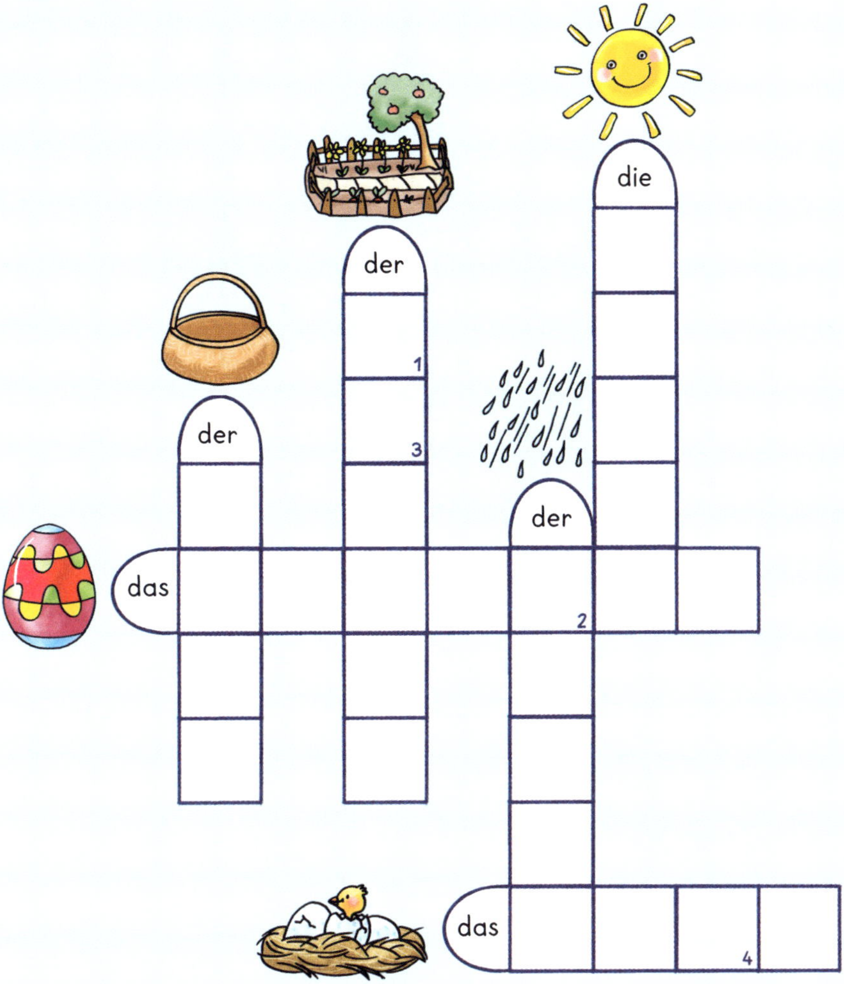

die

der

der

1

3

das

der

2

das

4

Lösungswort:

das | 1 | 2 | 3 | 4

Male das passende Bild aus:

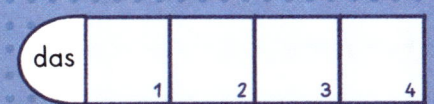
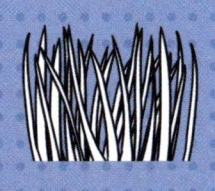
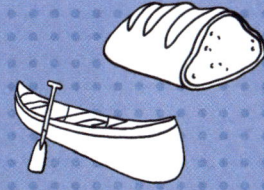

das GRAS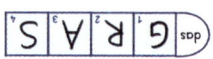

das NEST

die SONNE

der EIER

der GARTEN

das KORB

EIS BIKINI BADEHOSE ZELT WESPE MELONE

die / der / das / die

das

die

das

3

1

4

2

5

Lösungswort:

die | | 1 | 2 | 3 | 4 | 5

Male das passende Bild aus:

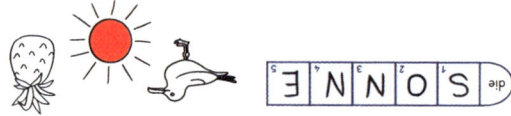

die S O N N E

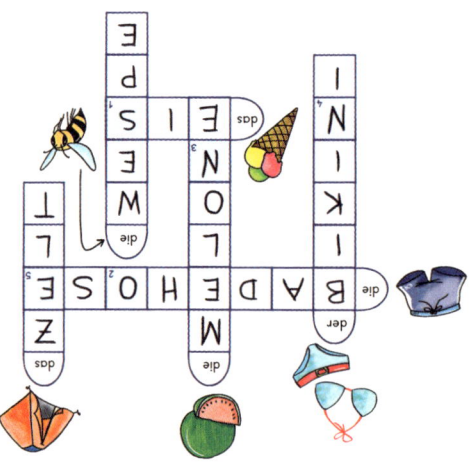

die WESPE
das ZELT
die MELONE
das EIS
die BADEHOSE
der BIKINI

KASTANIE WIND BLATT LATERNE IGEL NEBEL

Lösungswort:

die					
	1	2	3	4	5

Male das passende Bild aus:

die B I R N E

die BIRNE · der WIND · der NEBEL · die KASTANIE · das BLATT · der IGEL

ZWERG KÖNIG KÖNIGIN SPIEGEL WOLF FEE

Lösungswort:

der				
	1	2	3	4

Male das passende Bild aus:

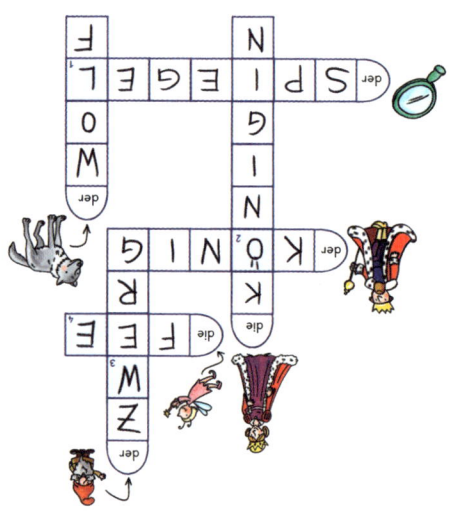

APFEL ANTENNE MAMA ANANAS ARZT PANDA

der

die | | | | 1

die

die | | | | | | 5

die | | | | | | 4

der | | | | 3

der | | | | 2

Lösungswort:

der | 1 | 2 | 3 | 4 | 5

Male das passende Bild aus:

Der Buchstabe A:

die MAMA

der MÄRZ

die ANTENNE

die ANANAS

der APFEL

der PANDA

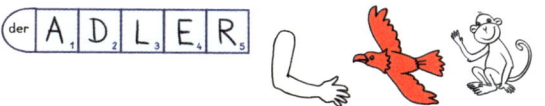

der ADLER

ERDBEERE ERDE ESEL ELFE ELEFANT TELEFON

die

die

der

der

2

4

die

5

3

das

1

6

Lösungswort:

die | | 1 | 2 | 3 | 4 | 5 | 6

Male das passende Bild aus:

Der Buchstabe E:

die E R B S E N

das T E L E F O N

der E L E F A N T

der E S E L

die E R D E

die E R D B E E R E

KIWI KIRSCHE KIRCHE IGLU INSEL TISCH

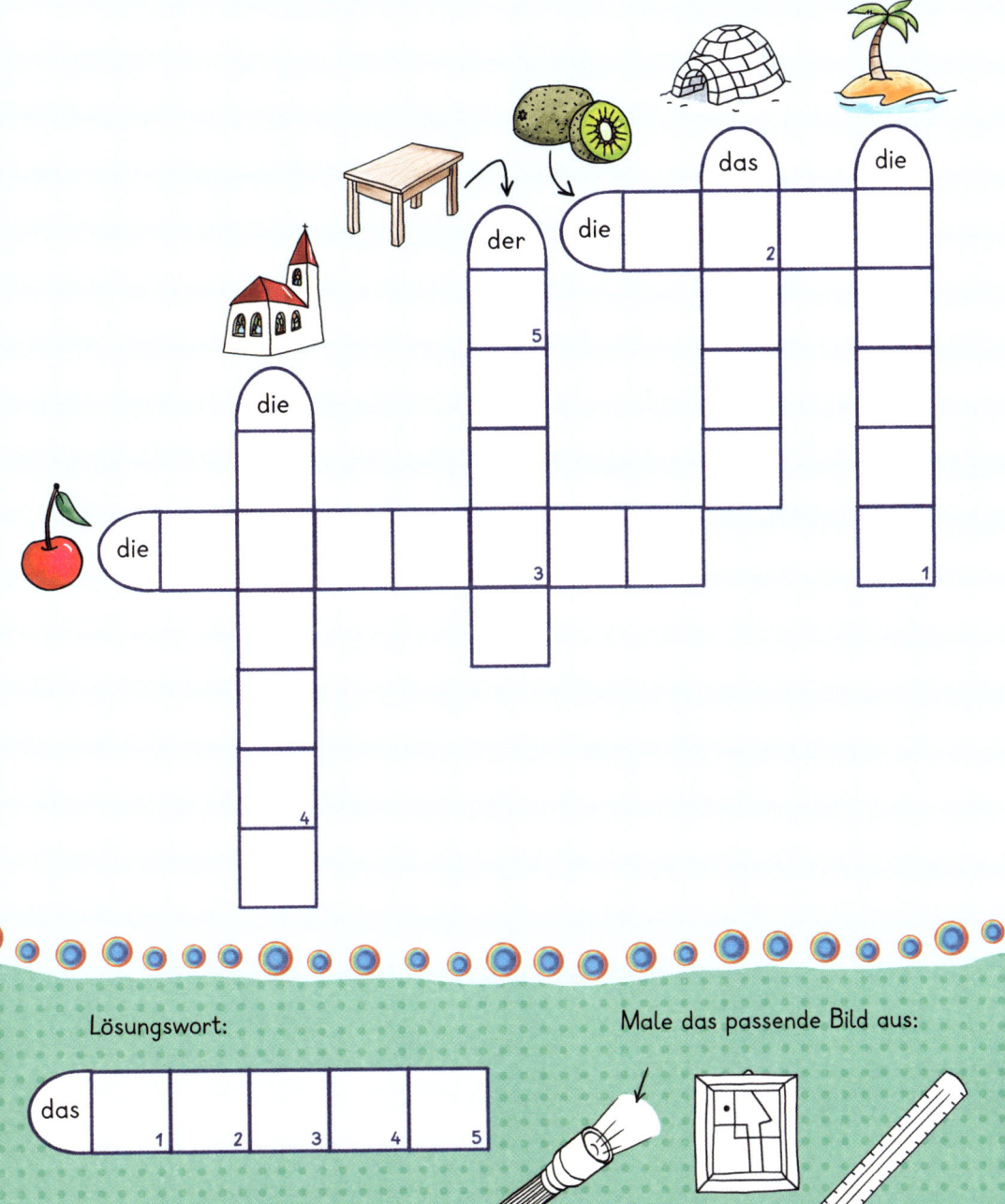

Lösungswort:

das | 1 | 2 | 3 | 4 | 5

Male das passende Bild aus:

Der Buchstabe I:

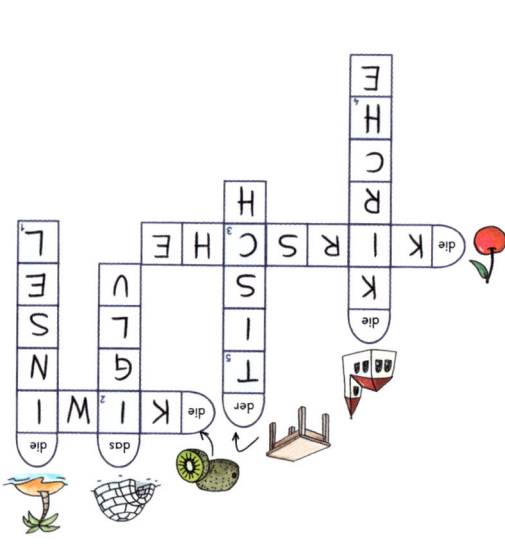

das L I C H T

die KIRSCHE
die KÜCHE
die KIRSCHE
das KIWI
die INSEL
der TISCH

KROKODIL HOSE DINO OMA OFEN KORB

das

der _ _ _ 3

die _ _ 5

der 2 _ _ 4

die

der 1 _ 6

Lösungswort:

die | 1 | 2 | 3 | 4 | 5 | 6

Male das passende Bild aus:

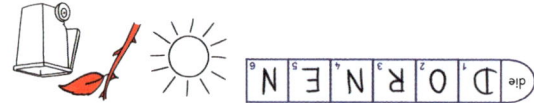

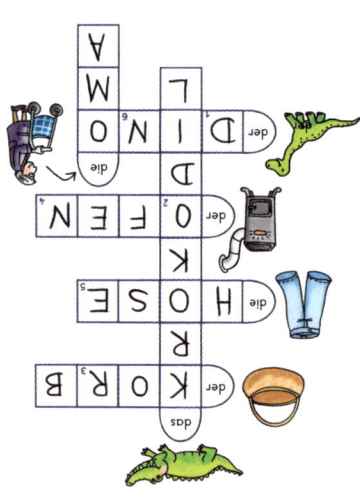

Der Buchstabe O:

UHU HUND IGLU MUSCHEL UFO HUT

die ‿ ◻◻◻◻◻
1

das ◻◻◻
(1)

der ◻◻◻
2

der ◻◻◻

das ◻◻◻◻

der ◻◻◻◻
3 4

Lösungswort:

der ◻ ◻ ◻ ◻
1 2 3 4

Male das passende Bild aus:

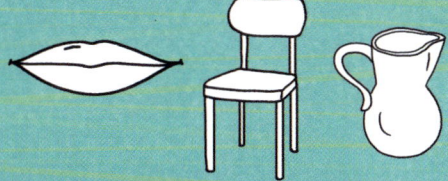

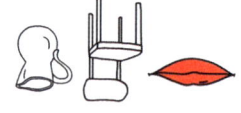

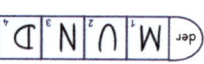

der | M | U | N | D

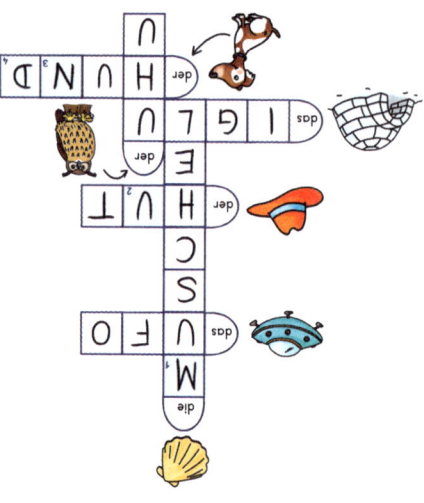

Der Buchstabe U:

ZEBRA ZAHN ZITRONE ZIRKUS ZUG ZIEGE

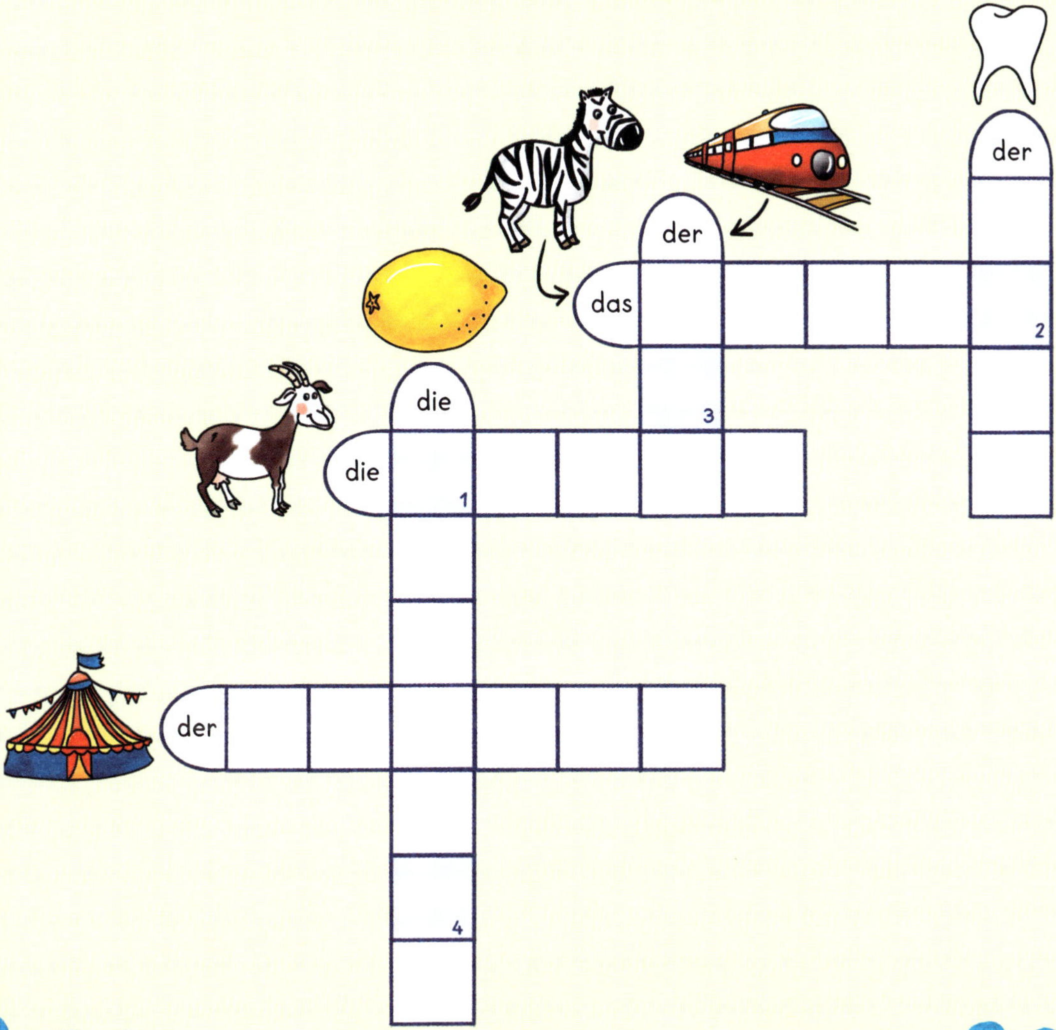

der

das

der

2

die

die

1

3

der

4

Lösungswort:

der | 1 | 2 | 3 | 4

Male das passende Bild aus:

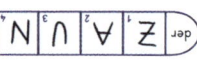

der Z A U N

der Z I R K U S
die Z I T R O N E
die Z I E G E
das Z E B R A
der Z U G
der Z A H N

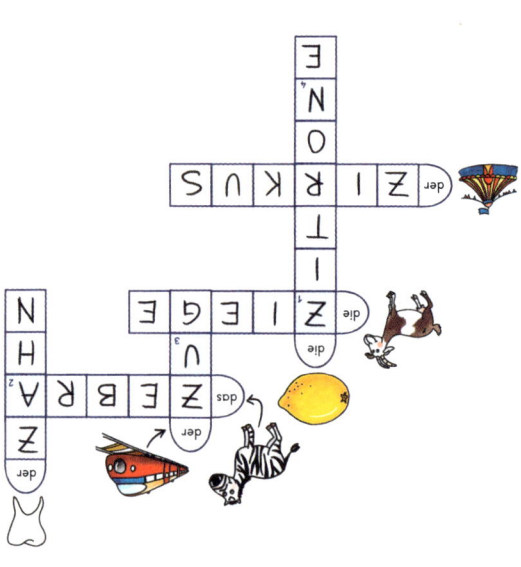

Wörter mit Z:

STRAUCH LAUB AUTO MAUS RAUPE BAUM

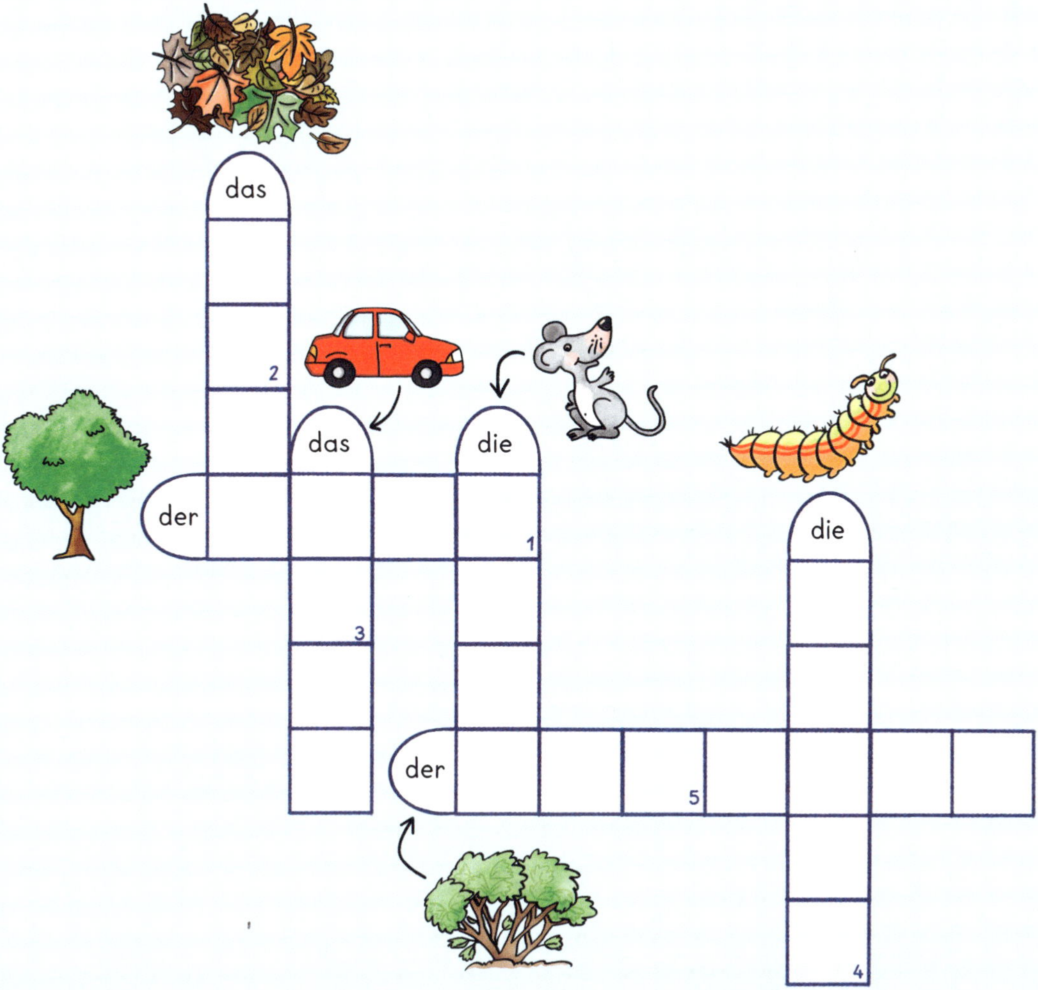

das
2
das
die
der
1
die
3
der
5
4

Lösungswort:

die	1	2	3	4	5

Male das passende Bild aus:

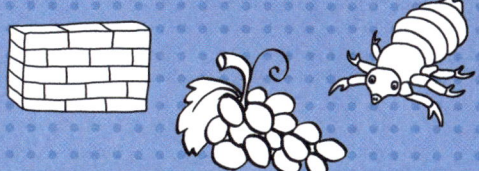

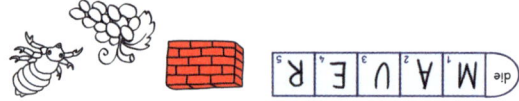

Wörter mit AU:

EIS   EI   EIMER   PAPAGEI   SCHWEIN   STEIN

der

das ___ 3

das

2

das

5

der ___ 1

der ___ 6

4

Lösungswort:

die | | | | | |
1   2   3   4   5   6

Male das passende Bild aus:

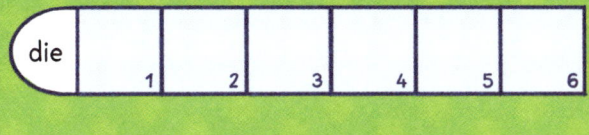

Wörter mit EI:

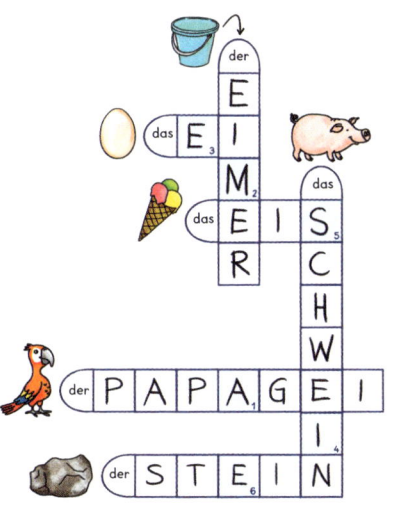

der **EIMER**

das **E₃I** (EIMER)

das **EIS₅**

der **PAPA₁GEI₄**

der **STEIN₆**

die **A₁M₂E₃I₄S₅E₆** (AMEISE)

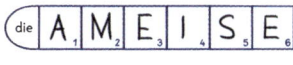

FEUER EULE FREUND KREUZ TEUFEL FLUGZEUG

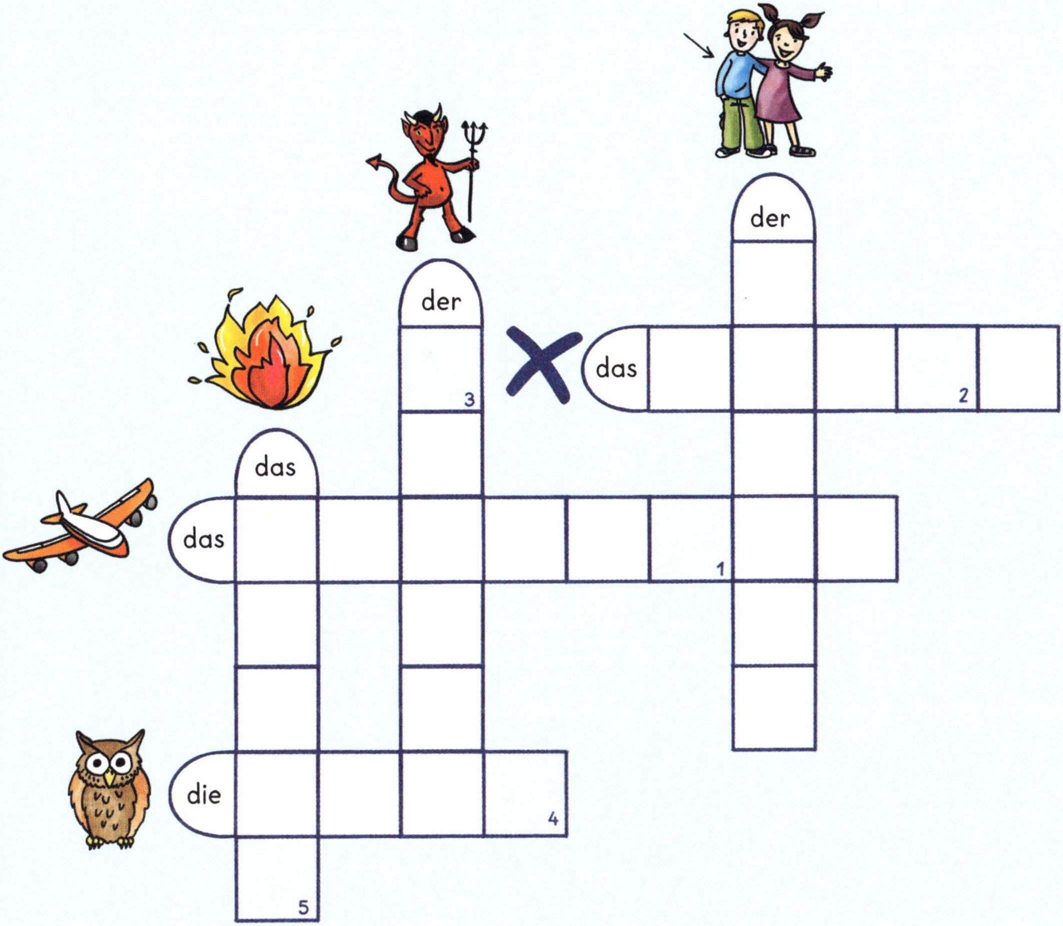
der
der
das
das
das
die
1
2
3
4
5

Lösungswort:

das	1	2	3	4	5

Male das passende Bild aus:

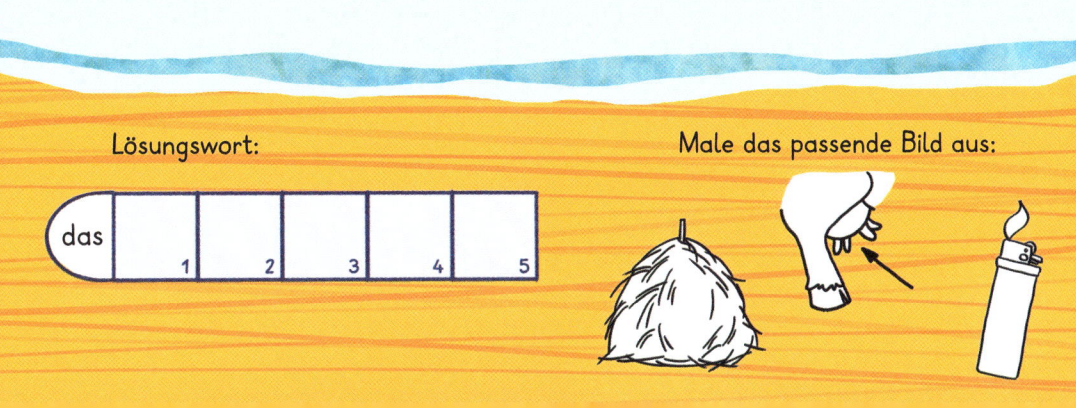

Wörter mit EU:

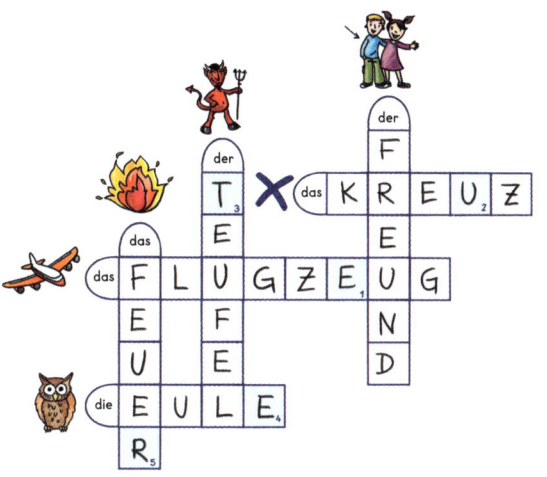

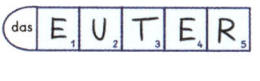 EUTER

VASE KLAVIER VIER VAMPIR VATER DETEKTIV

der

das

| | | | | |
| 1 | | | | |

die

die
3

4

der
2

der
4

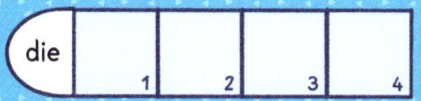

Wörter mit V:

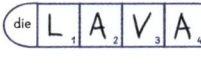 die L A V A

SCHAUKEL SCHLEIFE SCHRANK SCHAL SCHNECKE BUSCH

der

die

der

der

3   4

1

die

2

die

5

Lösungswort:

das 1 2 3 4 5

Male das passende Bild aus:

Wörter mit SCH:

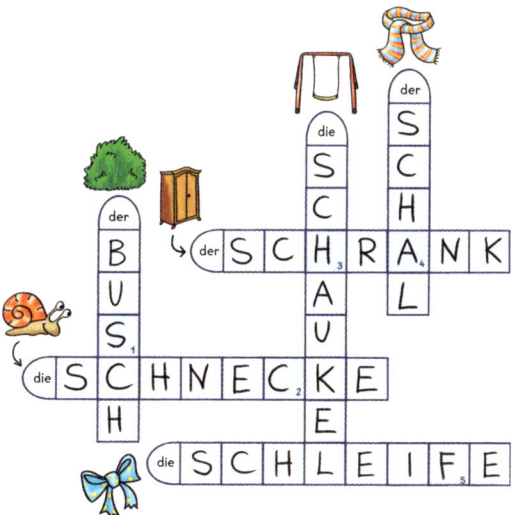

der SCHRANK

die SCHNECKE

die SCHLEIFE

das SCHAF

PFAU KOPF PFLAUME PFERD TOPF PFLASTER

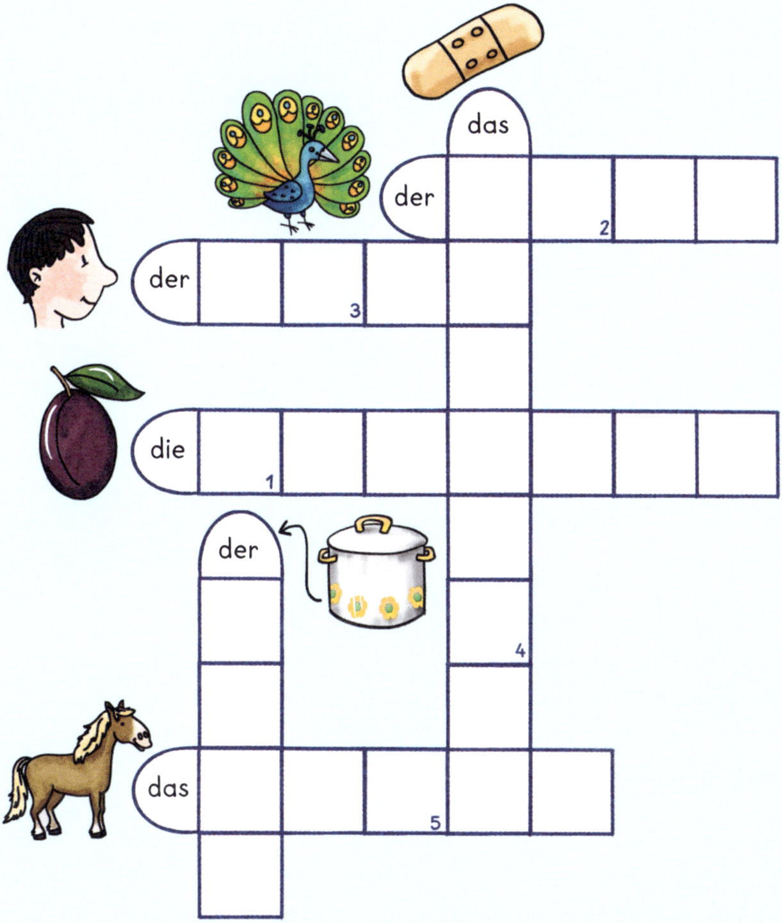

das
der
2
der
3
die
1
der
4
das
5

Lösungswort:

die					
	1	2	3	4	5

Male das passende Bild aus:

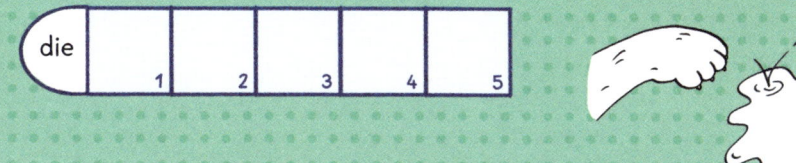

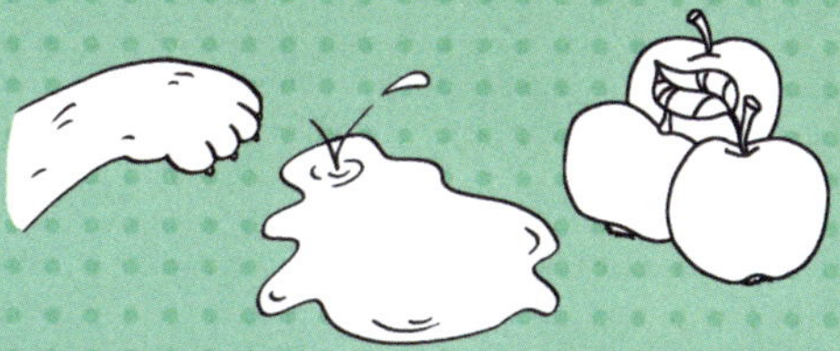

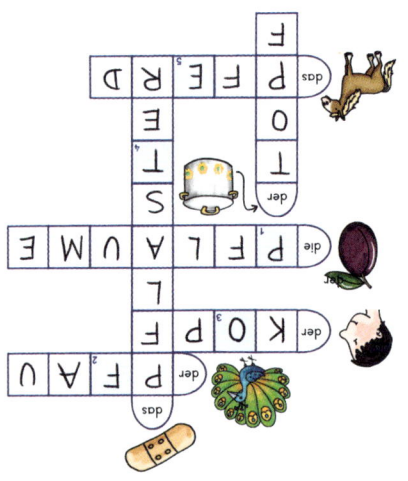

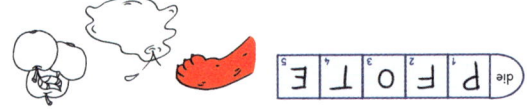

QUADRAT QUALLE QUALM QUELLE AQUARIUM QUARK

die

das

das

der

3

4

2

der

die

1

5

6

Lösungswort:

der

1 2 3 4 5 6

Male das passende Bild aus:

Wörter mit QU:

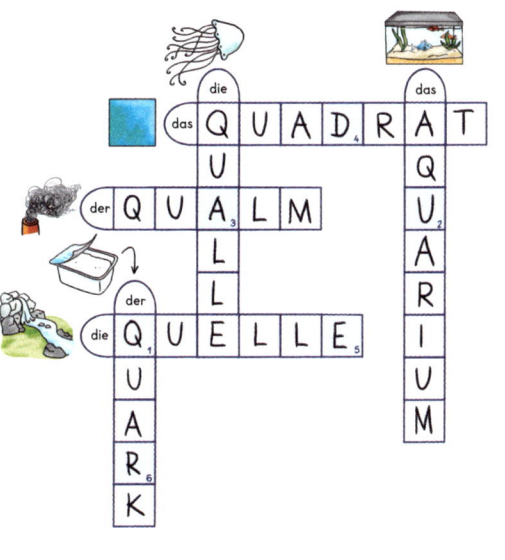

der QUADER

SONNE   GIRAFFE   WELLE   TASSE   MESSER   HUMMEL

die

die

die

2

3

4

das

die

die

1

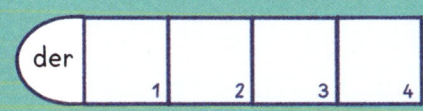

Wörter mit Doppelkonsonanten:

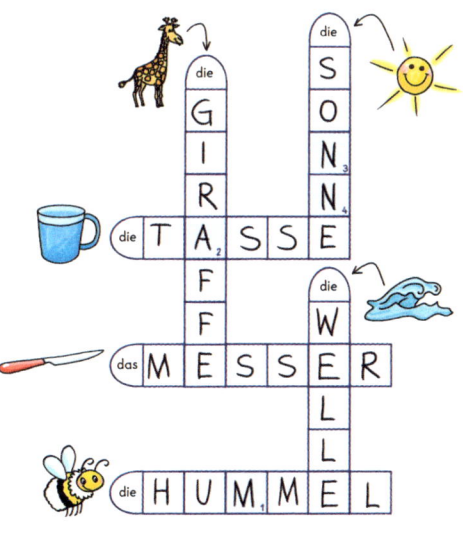

HAARE BOOT WAAGE KLEEBLATT MEER ERDBEERE

die

das

das

die

die

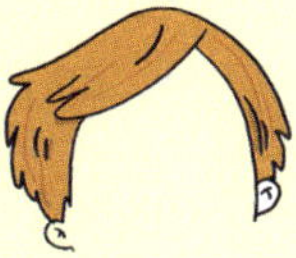

das

1

2

3

Lösungswort:

der | | |
1 **2** **3**

Male das passende Bild aus:

Wörter mit Doppelvokalen:

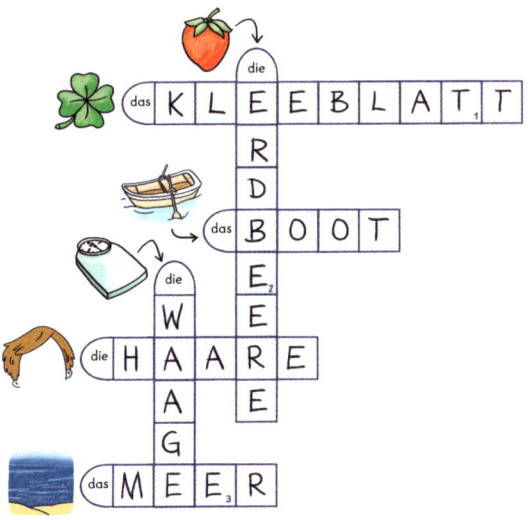

das K L E E B L A T T (die) ... (Erdbeere)
R
D
das B O O T
E
E
die W
die H A A R E
A
G
das M E E R

der T E E

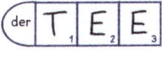

STERN   STEIN   SPIEGEL   STRAßE   STADT   SPINNE

die

die   2

die

3

der

der   1   4

der

5

Lösungswort:

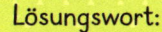

der   1   2   3   4   5

Male das passende Bild aus:

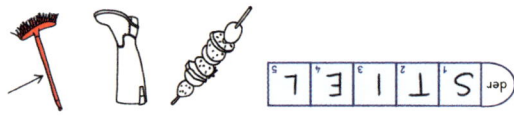

der S T I E L

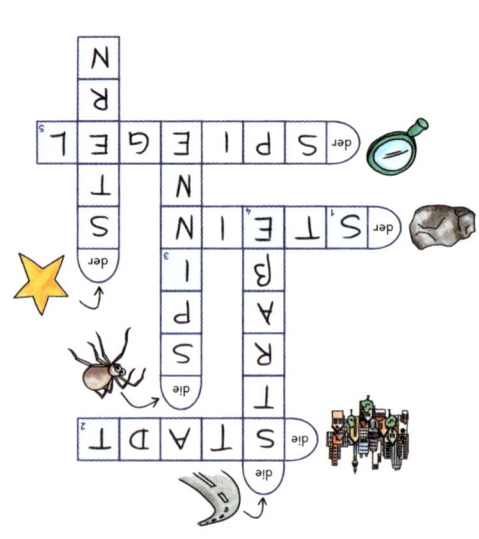

der S P I E G E L

der S T E I N

die S T A D T

Wörter mit ST/SP: